Marinade für Schweinefleisch
Rezept auf Seite
Marinade
für Pouletfleisch
Rezept auf Seite 4
Marinade
für Rindfleisch
Rezept auf Seite 5

Marinade für Gemüse

1 Peperoncino
1 Knoblauchzehe
je 1 Zweig Rosmarin, Thymian und Salbei
je 2 Zweige Oregano und Majoran
3 Esslöffel Olivenöl
je 2 Esslöffel weisser Portwein und Zitronensaft

❶ Peperoncino der Länge nach halbieren, entkernen und fein hacken. Knoblauch schälen und fein hacken.
❷ Alle Kräuterblättchen von den Zweigen zupfen und fein hacken.
❸ Die vorbereiteten sowie die restlichen Zutaten zu einer Marinade verrühren.

Marinade für Lammfleisch

2 Knoblauchzehen
2 Zweige Thymian
1 Zweig Rosmarin
1 Teelöffel Koriandersamen
je ½ Teelöffel Kreuzkümmel und Fenchelsamen
2 Esslöffel Zitronensaft
3 Esslöffel Olivenöl

❶ Den Knoblauch schälen und fein hacken.
❷ Thymianblättchen und Rosmarinnadeln abzupfen und fein hacken. Koriander, Kreuzkümmel und Fenchelsamen im Mörser fein zerstossen.
❸ Die vorbereiteten sowie die restlichen Zutaten zu einer Marinade verrühren.

Marinade für Pouletfleisch

1 Teelöffel Rohrzucker
1 Esslöffel Ketchup
1 Teelöffel scharfer Paprika
1 Esslöffel Currypulver
1 Esslöffel Sojasauce
2 Esslöffel Orangensaft
2 Esslöffel Sonnenblumenöl

❶ Alle Zutaten zu einer Marinade verrühren.

Editorial

Haben Sie sich schon einmal überlegt, warum das Grillieren diesen ganz besonderen Reiz hat? Sicher liegt es auch daran, dass die Küche ins Freie verlegt und dadurch alles unkomplizierter und entspannter wird. Man kann sich Zeit gönnen, Spass haben und zu guter Letzt erst noch ein Auge zudrücken, wenn das Menü nicht ganz nach Wunsch gelingt. Kurz: Alle geniessen die lockere Atmosphäre rund um den Grill.

Ob man auf einer improvisierten Feuerstelle aus aufeinandergeschichteten Steinen mit einem Drahtgitterrost brätelt oder ob man dafür eines der vielen kleinen oder grossen Spezial-Grillgeräte verwendet, spielt beim Grillvergnügen keine Rolle. Wir liefern Ihnen mit unseren Rezepten für Marinaden, Fleisch-, Fisch-, Gemüse- und andere Spezialitäten das Rüstzeug für einen unkomplizierten Grillspass. Sie müssen sich beim Vorbereiten und auch beim Grillieren selber nur noch die nötige Freude und Zeit nehmen, dann ist für gutes Gelingen gesorgt.

Ich wünsche Ihnen und Ihren Gästen viele schöne gemeinsame Stunden beim Grillieren!

Herzlichst
Ihre

Annemarie Wildeisen

AT Verlag Aarau und München / AZ Fachverlage AG, Aarau
Rezepte: Annemarie Wildeisen, Bern; Fotos: Andreas Fahrni, Bern; Gestaltung: Franziska Gugger, Siebensinn GmbH, Wabern
Druck und Bindearbeiten: Firmengruppe APPL, aprinta druck, Wemding
Printed in Germany

ISBN 978-3-03800-003-7

www.wildeisen.ch / www.at-verlag.ch

Hausgemachte Marinaden

Marinade für Kalbfleisch
Rezept auf Seite 5

Marinade für Gemüse
Rezept auf Seite 4

Marinade für Lammfleisch
Rezept auf Seite 4

Marinade für Kalbfleisch

1 Stängel Zitronengras
1 Esslöffel eingelegter grüner Pfeffer
1 Zitrone
1 Esslöffel Kurkumapulver
2 Esslöffel Sherry
2 Esslöffel Sonnenblumenöl

❶ Zitronengras der Länge nach halbieren. Den zarten unteren Teil fein hacken, den Rest anderweitig verwenden.
❷ Den grünen Pfeffer fein hacken. Die Schale von ½ Zitrone fein abreiben. 2 Esslöffel Saft auspressen.
❸ Die vorbereiteten sowie die restlichen Zutaten zu einer Marinade verrühren.

Marinade für Rindfleisch

1 dl Rotwein
1 Knoblauchzehe
2 Zweige Rosmarin
2 Esslöffel schwarzer Pfeffer
1 Esslöffel Whisky
3 Esslöffel Olivenöl

❶ Den Rotwein auf 2 Esslöffel Flüssigkeit einkochen lassen.
❷ Den Knoblauch schälen und fein hacken. Rosmarinnadeln abzupfen und ebenfalls fein hacken. Den Pfeffer im Mörser zerstossen.
❸ Die vorbereiteten sowie die restlichen Zutaten zu einer Marinade verrühren.

Marinade für Schweinefleisch

4 Zweige Oregano
1 Teelöffel schwarzer Pfeffer
1 Esslöffel scharfer Senf
1 Esslöffel grobkörniger Senf
3 Esslöffel Sherry
2 Esslöffel Sonnenblumenöl

❶ Den Oregano fein hacken, den Pfeffer im Mörser zerstossen.
❷ Die vorbereiteten sowie die restlichen Zutaten zu einer Marinade verrühren.

Pouletspiesse mit Frühlingszwiebeln und Ananas

Ergibt 9 Stück

2 grosse Pouletbrüstchen, insgesamt ca. 350 g
27 frische, vorgeschnittene Ananaswürfel, siehe Tipp
27 Scheiben magerer Bratspeck
5 Frühlingszwiebeln
3 Teelöffel Honig
3 Teelöffel scharfer Senf
3 Esslöffel Olivenöl
Salz, schwarzer Pfeffer aus der Mühle

❶ Von den Pouletbrüstchen die zugespitzten Enden als Würfel abschneiden. Dann die Brüstchen der Länge nach halbieren und jede Hälfte in 4 Stücke schneiden.
❷ Die Ananaswürfel mit je 1 Scheibe Speck umwickeln. Die Frühlingszwiebeln rüsten, auf 5 cm Länge zurückschneiden und vierteln.
❸ 9 Holz- oder Metallspiesse abwechselnd mit Speck-Ananas, Frühlingszwiebelvierteln, Pouletwürfeln usw. bestecken, dabei mit Ananaswürfeln abschliessen.
❹ Honig, Senf, Olivenöl, Salz und Pfeffer verrühren. Die Pouletspiesse damit bestreichen. Bis zum Grillieren kühl stellen.
❺ Die Pouletspiesse über kräftiger Glut etwa 10 Minuten braten.

Tipp Bei den Grossverteilern gibt es bereits geschälte und gewürfelte, frische Ananas zu kaufen, die sich hervorragend für die Zubereitung dieser Pouletspiesse eignen. Selbstverständlich kann man auch eine ganze frische Ananas verwenden: Dazu nach dem Schälen und Entfernen des Strunks das Fruchtfleisch in etwa 1½ cm grosse Würfel schneiden.

Grillierte Coquelets nach Teufels Art

Für 4 Personen

2 Coquelets, je ca. 800 g schwer
Saft von 1 Zitrone
½ Teelöffel Zucker
1 dl Olivenöl
2 Peperoncini
6 frische Salbeiblätter
2 Esslöffel Butter
Salz, schwarzer Pfeffer aus der Mühle

❶ Die Coquelets auf der Rückenseite links und rechts vom Rückgrat der Länge nach mit der Geflügelschere durchschneiden. Die Bürzel entfernen. Die Coqueletshälften mit der Hand so flach als möglich drücken. In einen grossen Gefrierbeutel geben.
❷ Zitronensaft, Zucker und Olivenöl verrühren. Die Peperoncini entkernen und in kleinste Würfelchen schneiden. Die Salbeiblätter in feinste Streifchen schneiden. Beides zur Zitronenmarinade geben und diese über die Coqueletshälften im Gefrierbeutel giessen. Mit Küchenschnur gut zubinden und die Coquelets mindestens 1 Stunde marinieren.
❸ Vor dem Grillieren die Butter schmelzen. Die Coquelets aus der Marinade nehmen, abtropfen lassen und kräftig mit Salz und Pfeffer würzen.
❹ Die Coquelets auf dem heissen Grillrost oder in der Bratpfanne bei mittlerer, dann eher kleiner Hitze je nach Dicke 30-40 Minuten braten. Dabei gelegentlich mit der restlichen Marinade bestreichen.
❺ Am Schluss der Bratzeit die Coquelets auf der Hautseite grosszügig mit der Butter bestreichen und auf dieser Seite nochmals 3–4 Minuten bräunen.

Pouletschenkel in scharfer Tomatenmarinade

Für 6 Personen

1 mittlere Zwiebel
2 Knoblauchzehen
1 Zweig Stangensellerie
3–4 Esslöffel Olivenöl
1 Esslöffel Rosenpaprika (scharf)
¼ Teelöffel Cayennepfeffer
800 g gehackte Pelatitomaten
2 Esslöffel Rohrzucker
2 Esslöffel Worcestershiresauce
Salz
12 Pouletschenkel, je nach Grösse

❶ Für die Marinade Zwiebel und Knoblauch schälen und fein hacken. Den Stangensellerie klein würfeln.
❷ In einer mittleren Pfanne das Olivenöl erhitzen. Zwiebel, Knoblauch und Stangensellerie darin andünsten. Rosenpaprika und Cayennepfeffer darüberstäuben und kurz mitrösten, damit sich das Aroma voll entfalten kann. Pelati-Tomaten, Zucker und Worcestershiresauce beifügen und alles zugedeckt auf grossem Feuer 30 Minuten kochen lassen.
❸ Die Tomatensauce mit dem Stabmixer pürieren. Das Püree durch ein Sieb in eine Pfanne passieren. Aufkochen, dann offen auf kleinem Feuer etwa 20 Minuten einkochen lassen. Mit Salz und wenn nötig Cayennepfeffer abschmecken.
❹ Die Pouletschenkel mit der Marinade bestreichen. Über der mittelheissen Grillglut 25–30 Minuten braten, dabei regelmässig wenden und mit Marinade bestreichen. Die Pouletschenkel können auf die gleiche Art auch in der Bratpfanne in etwas Olivenöl bei mittlerer, später eher kleiner Hitze gebraten werden.
❺ Die restliche Marinade nochmals kurz aufkochen und separat zu den Pouletschenkeln servieren.

Salbei-Pouletspiesse mit Peperoni-Joghurt

Für 4 Personen

Peperoni-Joghurt:
1 grosse rote Peperoni
1 Knoblauchzehe
180 g Joghurt nature
2 Esslöffel Mayonnaise
Salz, Pfeffer
½ Bund glattblättrige Petersilie
Spiesse:
4 Pouletbrüstchen
1 Esslöffel Zitronensaft
1 Teelöffel Senf
reichlich frisch gemahlener schwarzer Pfeffer aus der Mühle
1 Knoblauchzehe
3 Esslöffel Olivenöl
6 grosse, dünne Scheiben Rohschinken
12 grosse Salbeiblätter
4–6 nicht zu lange Holz- oder Metallspiesse
Olivenöl zum Grillieren

❶ Den Backofen auf 220 Grad vorheizen.
❷ Die Peperoni vierteln, entkernen und mit der Hautseite nach oben auf ein mit Backpapier belegtes Blech legen. Im auf 220 Grad vorgeheizten Ofen im oberen Drittel so lange rösten, bis die Peperonihaut dunkle Blasen wirft. Herausnehmen, mit einem feuchten Tuch decken und 5 Minuten stehen lassen. Dann die Haut mit Hilfe eines spitzen Küchenmessers abziehen. Die Peperoniviertel je in 3–4 Streifen schneiden.
❸ Den Knoblauch schälen und hacken. Mit 2–3 Esslöffeln Joghurt in einen hohen Becher geben, die Peperonistreifen beifügen und alles mit dem Stabmixer fein pürieren. Restlichen Joghurt und Mayonnaise unterrühren und die Sauce mit Salz sowie Pfeffer würzen. Die Petersilie fein hacken und untermischen.
❹ Jedes Pouletbrüstchen in 3 Stücke schneiden.
❺ In einer kleinen Schüssel Zitronensaft, Senf und Pfeffer verrühren. Die Knoblauchzehe schälen und dazupressen. Das Olivenöl beifügen und alles zu einer sämigen Marinade rühren. Die Pouletstücke rundum damit bestreichen.
❻ Die Rohschinkenscheiben halbieren. Auf jede Schinkenhälfte 1 Salbeiblatt legen, 1 Stück marinierte Pouletbrust darauf geben und einwickeln. Jeweils 2–3 Pouletstücke der Länge nach auf einen Spiess stecken.
❼ Die Spiesse rundum mit Olivenöl bestreichen. Die Spiesse auf dem Grillrost bei mittlerer Hitze unter gelegentlichem Wenden 8–10 Minuten braten. Heiss mit der Peperoni-Joghurt-Sauce servieren.

Muskat-Coquelets

Für 4 Personen als Bestandteil von 2–3 verschiedenen Grillgerichten, für 2 Personen als Hauptmahlzeit

2 Coquelets, je 700–800 g schwer
8 Esslöffel Olivenöl
4 Esslöffel Zitronensaft
1 ganze Muskatnuss
1 gestrichener Teelöffel Salz
2 Esslöffel Butter

❶ Die Coquelets auf der Rückenseite links und rechts vom Rückgrat der Länge nach mit der Geflügelschere durchschneiden. Die Bürzel entfernen. Die Coquelethälften mit der Hand so flach wie möglich drücken. In einen grossen Gefrierbeutel geben.
❷ Olivenöl und Zitronensaft in ein kleines Gefäss geben. Die Muskatnuss fein dazureiben. Das Salz beifügen und alles zu einer sämigen Marinade rühren. Diese über die Coquelets im Gefrierbeutel giessen. Den Beutel mit Küchenschnur satt zubinden und die Coquelets mindestens 1 Stunde marinieren lassen.
❸ Vor dem Grillieren die Butter schmelzen. Die Coquelets aus der Marinade nehmen und gut abtropfen lassen, dabei die Marinade auffangen.
❹ Die Coquelets auf dem heissen Grillrost bei mittlerer, dann eher kleiner Hitze je nach Grösse 30–35 Minuten braten, dabei gelegentlich wenden und immer wieder mit der restlichen Marinade bestreichen.
❺ Am Schluss der Bratzeit die Coquelets auf der Hautseite grosszügig mit der Butter bestreichen und auf dieser Seite nochmals 3–4 Minuten bräunen.

Grilliertes Safran-Poulet

Für 6 Personen

2 ganze Poulets, vom Metzger in Teile geschnitten
1 grosse Zwiebel
Marinade:
½ Teelöffel Safranfäden
1 Esslöffel heisses Wasser
1½ dl Zitronensaft
1½ dl kalt gepresstes Olivenöl
1 Becher Joghurt nature (180 g)
½ Teelöffel gemahlener Kurkuma
2 Teelöffel Salz
1 Teelöffel frisch gemahlener schwarzer Pfeffer
2 Bund glattblättrige Petersilie
etwa 2 cm frischer Ingwer
Safranbutter:
1 Bund glattblättrige Petersilie
¼ Teelöffel Safranfäden
4 Esslöffel Butter
2 Esslöffel Zitronensaft
1 Esslöffel heisses Wasser
Salz, schwarzer Pfeffer aus der Mühle

❶ Die Pouletteile kurz unter kaltem Wasser spülen und mit Küchenpapier gut trockentupfen. In eine Gratinform legen. Die Zwiebel schälen und in feine Ringe schneiden. Über die Pouletteile geben.
❷ Für die Marinade in einer Schüssel die Safranfäden zwischen den Fingern fein zerbröseln. Das heisse Wasser beifügen und den Safran 5 Minuten Aroma entwickeln lassen. Dann den Zitronensaft, das Olivenöl, das Joghurt, Kurkuma, Salz und Pfeffer beifügen und gut verrühren. Die Petersilie fein hacken. Den Ingwer schälen und fein reiben. Beides zur Marinade geben. Diese mit den Pouletteilen mischen. Zugedeckt im Kühlschrank 4–8 Stunden marinieren lassen, dabei 2- bis 3-mal wenden.
❸ Für die Buttermischung die Petersilie fein hacken.
❹ Die Safranfäden zwischen den Fingern fein zerbröseln. In eine kleine Pfanne geben. Die Butter beifügen und schmelzen lassen. Petersilie, Zitronensaft, Wasser, Salz und Pfeffer beifügen und alles nochmals kurz erhitzen. Beiseitestellen.
❺ Zuerst die Schenkel und Flügel mit der Hautseite nach unten auf den Rost legen. Etwas später die Brustteile dazulegen. Alle Teile 5–6 Minuten auf der ersten Seite braten, dann wenden und weitere 6–8 Minuten langsam fertig braten, dabei mehrfach wenden, damit sie nicht anbrennen. Während der letzten 2–3 Minuten der Bratzeit die Pouletteile mehrmals mit der Safranbutter bestreichen.

Pouletrolle im Speckmantel

Für 4 Personen

500 g Champignons
1 mittlere Zwiebel
1 Bund Petersilie
2 Esslöffel Butter
Salz, schwarzer Pfeffer aus der Mühle
4 mittlere Pouletbrüstchen
2 Esslöffel Öl
abgeriebene Schale von ½ Zitrone
1 Teelöffel Zitronensaft
1 Teelöffel Senf
6–8 Zweige Thymian
8 Scheiben Bratspeck

❶ Die Champignons rüsten und in sehr dünne Scheibchen schneiden. Die Zwiebel schälen und fein hacken. Die Petersilie ebenfalls hacken.
❷ In einer beschichteten Bratpfanne die Butter erhitzen. Die Zwiebel und die Petersilie darin andünsten. Die Hitze auf höchste Stufe stellen, die Champignons beifügen und so lange dünsten, bis sie zusammengefallen sind; ziehen sie Saft, diesen vollständig verdampfen lassen. Erst nach dem Abkühlen mit Salz und Pfeffer würzen.
❸ Die Pouletbrüstchen waagrecht in je 2 Schnitzel schneiden. Auf der Arbeitsfläche auslegen, mit Klarsichtfolie bedecken und mit einem Fleischklopfer oder mit dem Wallholz sorgfältig zu grossen Fleischplätzchen klopfen. Diese mit Pilzfüllung bestreichen, dann aufrollen.
❹ Öl, Zitronenschale und -saft, Senf sowie Thymianblättchen mischen. Die Pouletrollen damit dünn bestreichen. Dann jede Rolle mit 1 Specktranche umwickeln und mit Holzspiesschen fixieren. Mit der restlichen Marinade bestreichen.
❺ Die Pouletrollen mit genügend Abstand von der Glut etwa 20 Minuten grillieren oder in der Bratpfanne bei mittlerer, später kleiner Hitze braten, dabei gelegentlich wenden und mit etwas Marinade oder Öl bestreichen.

Marinierte Entenbrust auf Rucola

Für 4 Personen

Fleisch:
600–700 g Entenbrüstchen
4 Zweige Thymian
4 Zweige Oregano
3 Esslöffel Cognac
2 Esslöffel körniger Senf
½ Teelöffel frisch gemahlener schwarzer Pfeffer aus der Mühle
3–4 Spritzer Worcestershiresauce
6 Esslöffel Öl
Zum Fertigstellen:
100 g Rucola
2 Esslöffel Balsamicoessig
Salz, schwarzer Pfeffer aus der Mühle
3–4 Esslöffel Olivenöl
etwas Fleur de Sel

❶ Die Haut- beziehungsweise Fettseite der Entenbrüstchen mit einem scharfen Messer rautenförmig einschneiden.
❷ Thymian- und Oreganoblättchen von den Zweigen zupfen und fein hacken. Mit Cognac, Senf, Pfeffer, Worcestershiresauce und Öl zu einer Marinade rühren.
❸ Die Entenbrüstchen beidseitig mit Marinade bestreichen und mindestens 30 Minuten bei Zimmertemperatur oder über Nacht im Kühlschrank durchziehen lassen.
❹ Den Rucola waschen und sehr gut abtropfen lassen.
❺ Aus Balsamicoessig, Salz, Pfeffer und Olivenöl eine Sauce rühren.
❻ Die Entenbrüstchen auf dem heissen Rost bei starker Hitze zuerst auf der Hautseite 8–10 Minuten, dann auf der Fleischseite noch etwa 5 Minuten grillieren. Dann auf eine Platte geben und mit Folie bedeckt etwa 5 Minuten nachziehen lassen.
❼ Zum Servieren den Rucola kreisförmig im Teller anrichten und mit Balsamicosauce beträufeln. Die Entenbrüstchen in Scheiben aufschneiden und in der Mitte ziegelartig anrichten. Mit etwas Fleur de Sel und frisch gemahlenem Pfeffer bestreuen und sofort servieren.

Glasierte St. Galler Bratwurst mit Ananas-Salsa

Für 4–6 Personen

2 Esslöffel Tomatenpüree
½ dl Sojasauce
½ dl Wasser
½ Teelöffel Ingwerpulver
1 Knoblauchzehe
schwarzer Pfeffer aus der Mühle
6 St. Galler Kalbsbratwürste
Ananas-Salsa:
1 Baby-Ananas
1 Peperoncino
1 mittlere rote Zwiebel
1 Limone
Salz
einige Tropfen Tabasco

❶ Tomatenpüree, Sojasauce, Wasser und Ingwerpulver in eine kleine Pfanne geben. Den Knoblauch dazupressen und alles mit Pfeffer würzen. Auf kleinem Feuer unter Rühren etwa 5 Minuten kochen. Abkühlen lassen.

❷ Die Bratwürste auf der Oberseite in regelmässigem Abstand leicht einschneiden. Dünn mit Marinade bestreichen.

❸ Für die Salsa die Ananas grosszügig schälen und möglichst klein würfeln. Den Peperoncino entkernen und fein hacken. Die Zwiebel schälen und klein würfeln. Die Schale der Limone dazureiben. 3 Esslöffel Limonensaft auspressen und beifügen. Alles mischen und mit Salz sowie Tabasco abschmecken.

❹ Die Bratwürste auf den Grillrost legen und bei mittlerer Hitze 12–15 Minuten braten, dabei zweimal mit Marinade bestreichen. Die Ananas-Salsa separat dazu servieren.

Marinierter Cipollata-Spiess

Für 4 Personen

1 Teelöffel schwarze Pfefferkörner
4 Wacholderbeeren
2 Gewürznelken
1 Esslöffel Senf
1 Esslöffel Ketchup
einige Tropfen Tabasco oder
1 Messerspitze Cayennepfeffer
6 Esslöffel Olivenöl
je 1 rote, gelbe und grüne Peperoni
Salz
600 g Cipollata-Würstchen, nach Belieben Kalb- und Schweinswürstchen gemischt

❶ Im Mörser Pfefferkörner, Wacholderbeeren und Gewürznelken grob zerstossen. Mit Senf, Ketchup, Tabasco oder Cayennepfeffer und Olivenöl zu einer Marinade verrühren.
❷ Die Peperoni halbieren, entkernen und in etwa 2 cm grosse Quadrate schneiden. Die Stücke auf der Innenseite leicht salzen.
❸ Metall- oder Holzspiesse mit etwas Marinade bepinseln. Abwechselnd Peperoni und Würstchen aufstecken und alles mit Marinade bestreichen.
❹ Die Spiesse auf dem Grillrost zuerst bei starker, dann mittlerer Hitze 10–12 Minuten braten. Dabei mehrmals mit der verbliebenen Marinade bestreichen.

Fleischbällchen am Stiel mit Mango-Raita

Für 4–5 Personen

1 grosse mehligkochende Kartoffel
1 mittlere Zwiebel
8 Zweige Thymian
½ Bund Petersilie
2–3 Zweige Majoran
1 Ei
1 Esslöffel Senf
1 Knoblauchzehe
400 g gehacktes Rindfleisch
250 g Schweinsbratwurst am Meter
Salz, schwarzer Pfeffer aus der Mühle
etwas Öl zum Bestreichen
Mango-Raita:
1 kleinere Mango
1 rote Chilischote
½ Bund frischer Koriander oder glattblättrige Petersilie
250 g Joghurt nature
2–3 Esslöffel Crème fraîche
1 Teelöffel Öl
1 Teelöffel gemahlener Kreuzkümmel
Salz

❶ Die Kartoffel schälen, vierteln und in wenig Salzwasser weich kochen. Durch die Kartoffelpresse treiben oder mit einer Gabel fein zerdrücken.
❷ Zwiebel schälen und fein hacken. Thymianblättchen von den Zweigen zupfen. Petersilie und Majoran hacken.
❸ In einer Schüssel Ei und Senf gut verquirlen. Kartoffel, Zwiebel sowie alle Kräuter beifügen und die Knoblauchzehe dazupressen. Das Hackfleisch beifügen, das Brät aus der Wursthaut drücken und ebenfalls dazugeben. Alles sehr gut mischen und mit Salz und Pfeffer würzen. Aus der Fleischmasse golfballgrosse Bällchen formen und jedes rundum mit Öl bestreichen.
❹ Für die Raita die Mango schälen, das Fruchtfleisch vom Stein schneiden und sehr klein würfeln. Die Chilischote der Länge nach halbieren, entkernen und zuerst in feine Streifchen, dann in Würfelchen schneiden. Koriander oder Petersilie hacken. Joghurt und Crème fraîche verrühren. Mango, Chilischote und Kräuter beifügen.
❺ In einem kleinen Pfännchen im warmen Öl den Kreuzkümmel kurz andünsten. Zur Mangosauce geben und diese mit Salz würzen. Bis zur Verwendung kühl stellen.
❻ Die Fleischbällchen auf dem Grill über mittlerer Glut etwa 10 Minuten braten, dabei regelmässig wenden. Werden die Bällchen in der Pfanne gebraten, 2–3 Esslöffel Öl hineingeben und die Fleischkugeln darin zuerst bei kräftiger, dann bei mittlerer Hitze etwa 8 Minuten braten. Zuletzt in jedes Bällchen 1 Zahnstocher stecken.
❼ Die Raita in einer kleinen Schüssel anrichten und diese in die Mitte einer Platte stellen. Die Fleischbällchen rundherum anrichten und sofort servieren.

Tomaten-Hacksteaks vom Grill

Für 4 Personen

2 Frühlingszwiebeln
100 g in Öl eingelegte Dörrtomaten, abgetropft
1 Bund Basilikum
2 Esslöffel Tomaten-Ketchup
1 Esslöffel Senf
Salz, Pfeffer, Paprika
600 g gehacktes Kalb- und Schweinefleisch, gemischt
Olivenöl zum Bestreichen

❶ Die Frühlingszwiebeln rüsten und mitsamt schönem Grün fein hacken. Die Dörrtomaten auf Küchenpapier etwas abtupfen, dann ebenfalls hacken. Die Basilikumblätter abzupfen und hacken.
❷ In einer Schüssel Ketchup, Senf, Salz, Pfeffer und Paprika verrühren. Die gehackten Zutaten sowie das Hackfleisch beifügen und alles sehr gut mischen. Aus dem Fleischteig 12 Hacksteaks formen und mindestens ½ Stunde kühl stellen.
❸ Vor dem Grillieren die Hacksteaks beidseitig mit etwas Öl bestreichen. Auf dem heissen Grillrost oder der Grillplatte auf jeder Seite etwa 4 Minuten braten.

Schweinsfilet-Bratwurst-Spiess

Für 4–5 Personen

450–500 g Schweinsfilet
6 Majoranzweige
etwas Paprikaflocken oder edelsüsser Paprika
4 Scheiben dünn geschnittener Schinken
200 g Schweinsbratwurst
Salz, schwarzer Pfeffer aus der Mühle
etwas Olivenöl zum Bestreichen
Paprika-Joghurt-Sauce:
150 g nordische Sauermilch (z.B. M-Dessert, Fijord, Viking) oder saurer Halbrahm
1 Teelöffel edelsüsser Paprika
1 Prise Cayennepfeffer
Salz, schwarzer Pfeffer

❶ Das Schweinsfilet der Länge nach etwa 1 cm tief einschneiden. Entlang der Schnittlinie weiter schneiden, bis das Filet sich ganz aufklappen lässt. Mit einem Stück Klarsichtfolie bedecken und sorgfältig mit einem Wallholz auf eine gleichmässige Dicke von etwa 1 cm klopfen.
❷ Die Majoranblättchen von den Zweigen zupfen, grob hacken und auf dem Fleisch verteilen. Dieses mit etwas Paprikaflocken oder Paprikapulver bestreuen. Mit den Schinkenscheiben belegen. Das Wurstbrät aus der Haut drücken und auf der unteren Hälfte der Fleischscheibe längs verteilen. Das Fleisch satt aufrollen. In Klarsichtfolie wickeln und bis zur Verwendung kühl stellen.
❸ Für die Sauce Sauermilch oder sauren Halbrahm mit Paprika, Cayennepfeffer, Salz und schwarzem Pfeffer verrühren.
❹ Vor der Zubereitung die Schweinsfiletrolle mit Salz und Pfeffer würzen. Dann mit einem scharfen Messer in etwa 2 cm dicke Rollen schneiden. Mit der Schnittfläche nach oben auf 4–6 Spiesse oder einzeln auf Zahnstocher stecken. Die Spiesse rundum mit Öl bestreichen.
❺ Die Spiesse auf dem heissen Grillrost bei Mittelhitze beidseitig insgesamt 7–8 Minuten braten. Die Paprika-Joghurt-Sauce separat dazu servieren.

Schweinskotelett vom Grill mit Aprikosen-Vinaigrette

Für 4 Personen

Je 2 Zweige Rosmarin, Thymian und Oregano
1 Esslöffel Olivenöl
Pfeffer aus der Mühle
4 Schweinskoteletts
8 halbe tiefgekühlte oder 4 ganze frische Aprikosen
1 Schalotte
1 Esslöffel Sonnenblumenöl
1 Teelöffel scharfes Currypulver
1 Esslöffel Honig
2 Esslöffel Zitronensaft
½ dl Orangensaft
Salz

❶ Die Kräuterblättchen von den groben Stielen zupfen und fein hacken. Alles mit dem Olivenöl mischen und mit etwas Pfeffer würzen. Die Koteletts mit der Marinade bestreichen und zugedeckt mindestens 30 Minuten ziehen lassen.
❷ Die Aprikosen wenn nötig halbieren und entsteinen, dann in kleine Würfelchen schneiden. Die Schalotte schälen und fein hacken.
❸ In einer kleinen Pfanne das Öl erwärmen. Die Schalotte darin glasig dünsten. Das Currypulver beifügen und kurz mitdünsten. Dann die Aprikosen und den Honig beifügen und alles kurz kochen lassen. Vom Feuer nehmen, den Zitronen- und Orangensaft beifügen und die Vinaigrette mit Salz sowie Pfeffer würzen.
❹ Die Koteletts salzen. Auf dem Grillrost je nach Dicke der Koteletts und Hitze des Grills insgesamt 6–8 Minuten braten. An einer nicht zu heissen Stelle kurz nachziehen lassen. Dann die Koteletts mit der Aprikosen-Vinaigrette auf Tellern anrichten.

Hot Spareribs

Für 4–6 Personen

4 Chilischoten
4 Knoblauchzehen
200 ml Tomaten-Ketchup
75 g Honig
4 Esslöffel Öl
1 Esslöffel Senf
1 kleiner Zweig Rosmarin
4 Zweige Majoran
ca. 1½ kg Spareribs
Salz

❶ Die Chilischoten der Länge nach halbieren und entkernen. Zuerst in Streifchen schneiden, dann diese klein würfeln. Den Knoblauch schälen und sehr fein hacken. Alles mit dem Ketchup, dem Honig und dem Öl mischen. Rosmarin und Majoran fein hacken und beifügen.
❷ Die Spareribs beidseitig mit Marinade bestreichen. Zugedeckt mindestens 1 Stunde ziehen lassen.
❸ Die Spareribs salzen. Auf dem Grillrost nicht zu nahe an der Glut langsam je nach Grösse 30–40 Minuten knusprig braun braten; hin und wieder mit der zurückgebliebenen Marinade bestreichen.

Als Beilage passt zum Beispiel ein Linsensalat, ein Bulgur-Gemüse-Salat oder Kartoffelsalat.

Schweinskotelett mit Gewürz-Honig-Glasur

Für 4 Personen

4 grosse Schweinskoteletts
Glasur:
10 Umdrehungen schwarzer Pfeffer aus der Mühle
1 Messerspitze Cayennepfeffer
2 Messerspitzen gemahlener Kreuzkümmel
2 Messerspitzen Knoblauchpulver
½ Teelöffel Zwiebelpulver
1 Teelöffel getrockneter Thymian
2 Esslöffel scharfer Senf
4 Esslöffel flüssiger Honig
4 Esslöffel Öl
2 Esslöffel frisch gepresser Orangensaft
Zum Grillieren:
Salz

❶ Die Schweinskoteletts mit Küchenpapier trockentupfen. Den Fettrand mit der Küchenschere oder einem scharfen Messer alle 4 cm einschneiden. Die Koteletts auf eine Platte legen.
❷ Für die Glasur alle Zutaten gut mischen. Die Koteletts beidseitig mit Gewürz-Honig-Glasur bestreichen und mindestens 30 Minuten bei Zimmertemperatur oder 2 Stunden im Kühlschrank durchziehen lassen.
❸ Vor dem Grillieren die Glasur von den Koteletts etwas abstreifen und beiseitestellen. Das Fleisch leicht salzen. Auf dem Grillrost bei mittlerer Hitze auf jeder Seite 8–10 Minuten grillieren, bis das Fleisch am Knochen nicht mehr rosa, aber noch saftig ist (Probe mit spitzem Messer machen!). Während des Bratens 2–3-mal mit Glasur bestreichen.

Grill-Schweinsfilet mit Rohschinken

Für 6 Personen

250 g Champignons
1 Schalotte
1 Knoblauchzehe
1 gehäufter Teelöffel Butter
Salz, schwarzer Pfeffer aus der Mühle
2 kleinere Schweinsfilets, je ca. 350 g
4 Scheiben Rohschinken
Marinade:
1 Bund glattblättrige Petersilie
1 Knoblauchzehe
1 Esslöffel körniger Senf
4 Esslöffel Olivenöl

❶ Die Champignons rüsten und klein würfeln. Die Schalotte und die Knoblauchzehe schälen und fein hacken.
❷ In einer beschichteten Bratpfanne die Butter erhitzen. Schalotte und Knoblauch darin glasig dünsten. Die Hitze höher stellen, die Champignons beifügen und kräftig braten, bis aller entstandene Saft verdampft ist. Die Pilze mit Salz und Pfeffer würzen. Abkühlen lassen.
❸ Die beiden Schweinsfilets jeweils der Länge nach auf-, aber nicht durchschneiden. Unter Klarsichtfolie mit einem Fleischklopfer oder Wallholz flach klopfen. Der Länge nach leicht überlappend mit je 2 Rohschinkenscheiben auslegen. Die Pilzfüllung ebenfalls der Länge nach in der Mitte des Schinkens verteilen und diese zu einem «Paket» verschliessen. Dann das Schweinsfilet über das Rohschinkenpaket klappen und mit Küchenschnur binden.
❹ Für die Marinade die Petersilie grob hacken. In einen hohen Becher geben und die geschälte Knoblauchzehe dazupressen. Senf und Olivenöl beifügen und mit dem Stabmixer fein pürieren.
❺ Die Schweinsfilets rundum mit Marinade bestreichen. Wenn möglich mindestens ½ Stunde durchziehen lassen.
❻ Die Schweinsfilets mit Salz und Pfeffer würzen. Mit etwas Abstand zur Glut etwa 20 Minuten grillieren, dabei öfters wenden und mit der restlichen Marinade bestreichen.

Marinierte Rindshuft mit roher Tomatensalsa

Für 4 Personen

4 lange Holzspiesse
1 kleine Zwiebel
2 Knoblauchzehen
½ Bund Oregano
4 Esslöffel Olivenöl
1 Esslöffel Balsamicoessig
2 Esslöffel Tomatenketchup
1 Teelöffel Worcestershiresauce
3–4 Tropfen Tabasco oder etwas Cayennepfeffer
8–12 sehr dünn geschnittene Rindshuftplätzchen
Tomatensalsa:
500 g Tomaten
Salz, schwarzer Pfeffer aus der Mühle
2 Knoblauchzehen
4 Zweige Basilikum
1 Esslöffel Kapern
1 Esslöffel Balsamicoessig
4–5 Esslöffel Olivenöl

❶ Die Holzspiesse mindestens 1 Stunde in kaltem Wasser einlegen.
❷ Die Zwiebel schälen und an der Bircherraffel in eine kleine Schüssel reiben. Den Knoblauch dazupressen. Oregano hacken und beifügen. Olivenöl, Balsamico, Ketchup, Worcestershiresauce und Tabasco oder Cayennepfeffer dazugeben und alles gut verrühren. Die Rindshuftplätzchen in die Marinade legen und mindestens ½ Stunde marinieren.
❸ Inzwischen die Salsa zubereiten: Tomaten quer halbieren, entkernen und klein würfeln. Pikant mit Salz und Pfeffer würzen.
❹ Den Knoblauch schälen und mit dem Basilikum und den Kapern fein hacken. Alles mit dem Balsamico und dem Olivenöl verrühren. Zuletzt die Tomaten untermischen und wenn nötig nachwürzen.
❺ Die Spiesse aus dem Wasser nehmen und mit Küchenpapier trockentupfen. Das marinierte Fleisch der Länge nach halbieren, dann ziehharmonikaartig aufstecken. Nochmals mit zurückgebliebener Marinade bestreichen.
❻ Die Spiesse leicht salzen und auf dem heissen Rost oder in einer Bratpfanne auf jeder Seite etwa 1½ Minuten braten. Dann bei ganz schwacher Hitze hoch über der Glut noch 5 Minuten nachziehen lassen. Die Tomatensalsa separat dazu servieren.

Marinierte Huftsteaks mit Gremolatabutter

Für 4 Personen

Marinade:
1 Teelöffel schwarze Pfefferkörner
1 Teelöffel Koriandersamen
1 kleine getrocknete Chilischote
1 Lorbeerblatt
2 Teelöffel Balsamicoessig
6 Esslöffel Olivenöl
Zum Grillieren:
4 Rindshuftsteaks, je ca. 130 g schwer
Gremolatabutter:
100 g weiche Butter
Salz
1 Bund Petersilie
abgeriebene Schale von 1 Zitrone
1 grosse Knoblauchzehe

❶ In einem Mörser Pfefferkörner, Koriandersamen, Chilischote und Lorbeerblatt fein zerstossen. Mit Balsamicoessig und Olivenöl zu einer Marinade rühren. Die Huftsteaks damit bestreichen. Mit Klarsichtfolie decken und bei Zimmertemperatur 1 Stunde, im Kühlschrank 2 Stunden oder länger marinieren.
❷ Inzwischen die Gremolatabutter zubereiten: Butter und Salz gut durchrühren, bis sich kleine Spitzchen bilden. Petersilie sehr fein hacken und mit der Zitronenschale beifügen. Den Knoblauch dazupressen und alles gut mischen. Die Butter auf 1 Blatt Alufolie geben und zu einer Rolle formen. Kühl stellen bis etwa ½ Stunde vor Verwendung, dann in Scheiben schneiden und Zimmertemperatur annehmen lassen.
❸ Die Huftsteaks gut abtropfen lassen, dabei die Marinade auffangen. Die Steaks auf dem Grillrost oder in der leer erhitzten Bratpfanne bei kräftiger Hitze je nach gewünschter Garstufe auf jeder Seite 2–3 Minuten braten; beim Wenden nochmals mit Marinade bestreichen. Mit Butterscheiben belegen und servieren.

Asiatisch marinierte Rindshuftspiesse

Für 4 Personen

600–700 g gut gelagerte Rindshuft
1 Esslöffel Honig
3 Esslöffel dunkle Sojasauce
3 Esslöffel Erdnuss- oder Sonnenblumenöl
1 Teelöffel Korianderpulver
1 Teelöffel Kreuzkümmelsamen
1 Messerspitze Cayennepfeffer
1 Knoblauchzehe
4 Holz- oder Metallspiesse
Salz
1 Limone oder Zitrone

❶ Das Fleisch in gut 2 cm grosse Würfel schneiden und in eine Schüssel geben.
❷ Honig, dunkle Sojasauce, Öl, Korianderpulver, Kreuzkümmelsamen und Cayennepfeffer verrühren. Den Knoblauch schälen und dazupressen. Die Marinade über das Fleisch geben und dieses mindestens 1 Stunde bei Zimmertemperatur oder 3–6 Stunden im Kühlschrank marinieren, dabei 1- bis 2-mal wenden.
❸ Werden Holzspiesse verwendet, diese 1 Stunde in kaltem Wasser einweichen; dadurch können sie über der Grillglut nicht verbrennen.
❹ Die Fleischwürfel ½ Stunde vor der Zubereitung aus dem Kühlschrank nehmen. Sehr gut abtropfen lassen und die Marinade beiseitestellen. Die Rindshuftstücke auf die Spiesse stecken.
❺ Die Spiesse leicht salzen und über der Glut je nach Grösse 5–7 Minuten braten, dabei regelmässig wenden und mit der verbliebenen Marinade bestreichen. Werden sie in der Pfanne zubereitet, in 1–2 Esslöffeln Öl auf die gleiche Weise, jedoch nur 4–5 Minuten braten. Mit Limonen- oder Zitronenvierteln servieren.

T-Bone-Steak mit Knoblauch und Zitrone

Für 4–6 Personen

2–3 T-Bone-Steaks, etwa 2 cm dick, siehe Tipp
2 Knoblauchzehen
schwarzer Pfeffer aus der Mühle
4–6 Zweige Rosmarin
2–3 Esslöffel Olivenöl
4 Zitronen
Salz

❶ Die Steaks 1 Stunde vor dem Anbraten aus dem Kühlschrank nehmen. Mit Küchenpapier trocken tupfen. Die Knoblauchzehen halbieren, gut anquetschen und damit Fleisch und Knochen rundherum einreiben. Mit reichlich frisch gemahlenem Pfeffer beidseitig kräftig würzen. Dann die Steaks mit den Rosmarinzweigen belegen und mit etwas Olivenöl beträufeln.
❷ Den Grillrost auf hohe Temperatur vorheizen und mit etwas Öl einpinseln. Die Zitronen halbieren. Die Früchte 5 Minuten mit der Schnittfläche nach unten auf dem Rost leicht karamellisieren lassen. Zugedeckt beiseitestellen.
❸ Die T-Bone-Steaks mit Salz würzen. Auf den Grillrost legen und auf der ersten Seite 4 Minuten braten. Dann wenden und je nach gewünschter Garstufe weitere 4–6 Minuten grillieren. Auf eine vorgewärmte Platte geben und mit Alufolie decken. Gut 5 Minuten ruhen lassen, damit sich der Fleischsaft verteilen kann. Dann zusammen mit den grillierten Zitronenhälften servieren.

Tipp Normalerweise beträgt das Gewicht eines Rindskoteletts, auch T-Bone-Steak genannt, zwischen 400 und 600 Gramm und reicht für etwa 2 Personen. Aber tüchtige Fleischesser schaffen ein ganzes Kotelett alleine. Bemessen Sie also die Portionen nach dem Appetit Ihrer Gäste! Sind Sie unsicher, wie die Garstufe des T-Bone-Steaks ist, stecken Sie am besten einen Fleischthermometer in die Mitte des Fleischteils (nicht am Knochen!).

Gefüllte Lammhuft mit scharfer Joghurtsauce

Für 4 Personen

1 kleine Aubergine (ca. 80 g)
2 feste Tomaten
1 kleine Zwiebel
2 Knoblauchzehen
3–4 Zweige Oregano
6 Esslöffel Olivenöl
Salz, schwarzer Pfeffer aus der Mühle
2 Lammhüftchen, je ca. 200 g schwer
½ Teelöffel edelsüsser Paprika
Scharfe Joghurtsauce:
1 kleine rote Chilischote
1 Becher Joghurt nature (180 g)
100 g Crème fraîche
2–3 Esslöffel Tomatenketchup
1 Esslöffel Zitronensaft
Salz

❶ Die Aubergine ungeschält in kleine Würfelchen schneiden. Tomaten kurz in kochendes Wasser tauchen, kalt abschrecken, häuten, quer halbieren, entkernen und ebenfalls würfeln. Zwiebel und Knoblauch schälen und hacken. Oreganoblättchen ebenfalls hacken.

❷ In einer kleinen Pfanne 4 Esslöffel Olivenöl erhitzen. Zwiebel und Knoblauch darin glasig dünsten. Die Auberginenwürfelchen beifügen und unter häufigem Wenden weich braten. Am Schluss Tomaten und Oregano beifügen, alles pikant mit Salz und Pfeffer würzen und nur noch 2–3 Minuten weiter dünsten. Abkühlen lassen.

❸ In die Lammhüftchen je eine tiefe Tasche zum Füllen einschneiden. Die Auberginenfüllung darin verteilen und die Fleischstücke mit Küchenschnur zunähen.

❹ Die restlichen 2 Esslöffel Olivenöl mit Paprika, reichlich frisch gemahlenem Pfeffer und etwas Salz verrühren. Die Lammhüftchen damit rundum bestreichen.

❺ Die Lammhüftchen über der mittelheissen Glut beidseitig je nach Dicke und gewünschter Garstufe insgesamt 10–12 Minuten grillieren. In Alufolie wickeln und vor dem Tranchieren 10 Minuten ruhen lassen.

❻ Für die Sauce die Chilischote der Länge nach halbieren, entkernen und fein hacken. Mit den übrigen Zutaten gut verrühren.

❼ Zum Servieren die Lammhüftchen in dicke Scheiben aufschneiden und mit der Joghurtsauce servieren.

Curry-Lammspiesse

Für 4 Personen

600 g Lammhuft (Lammnüsschen)
1 Stück frischer Ingwer, etwa 2 cm gross
2 Knoblauchzehen
1 kleine rote Chilischote
½ Bund Oregano
2 Teelöffel Garam Masala oder mildes Currypulver
100 g griechischer Joghurt oder saurer Halbrahm
2 rote Peperoni
20 frische Lorbeerblätter
4 nicht zu lange Holz- oder Metallspiesse
3–4 Esslöffel Olivenöl
Salz, schwarzer Pfeffer aus der Mühle

❶ Die Lammhuft in etwa 3 cm grosse Würfel schneiden. In einen Gefrierbeutel geben.
❷ Den Ingwer schälen und an einer feinen Raffel in eine kleine Schüssel reiben. Den Knoblauch schälen und dazupressen. Die Chilischote der Länge nach halbieren, entkernen und fein hacken. Die Oreganoblättchen von den Zweigen zupfen und ebenfalls hacken. Beides mit dem Garam Masala oder Curry sowie dem Joghurt oder sauren Halbrahm zur Ingwer-Knoblauch-Mischung geben und gut verrühren. Die Marinade zu den Lammwürfeln geben und den Gefrierbeutel satt verschliessen; die Marinade soll sich gut um das Fleisch herum verteilen. Bei Zimmertemperatur 1 Stunde oder im Kühlschrank mindestens 3 Stunden durchziehen lassen.
❸ Die Peperoni halbieren, entkernen und in Stücke von etwa 3 x 3 cm schneiden. Jedes Lorbeerblatt mit einer Schere dem Rand entlang 4-mal einschneiden.
❹ Abwechselnd Lammwürfel, Lorbeerblätter und Peperoni auf 4 Spiesse stecken. Alles mit Olivenöl bestreichen und mit Salz und Pfeffer würzen.
❺ Die Lammspiesse auf dem Grillrost bei mittlerer Hitze unter häufigem Wenden 7–8 Minuten braten.

Tipp Mit einer Joghurt-Kräuter-Sauce sowie halbierten, mit zerstossenem Koriander bestreuten und im Ofen gebackenen Kartoffeln servieren.

Lammrolle mit hausgemachtem Tomatenpesto und würzigem Joghurt

Für 6 Personen

Tomatenpesto:
80 g getrocknete Tomaten, siehe Tipp
30 g Pinienkerne
1 Knoblauchzehe
30 g geriebener Parmesan
1 dl Olivenöl
schwarzer Pfeffer aus der Mühle
Joghurtsauce:
2 Becher griechischer Joghurt oder saurer Halbrahm
1 Teelöffel edelsüsses Paprikapulver
1 Teelöffel mildes Currypulver
2 Esslöffel Olivenöl
Salz
Fleisch:
3 Lammrückenfilets
½ Bund Basilikum
Olivenöl zum Bestreichen
Salz, schwarzer Pfeffer aus der Mühle

❶ In einer kleinen Pfanne Wasser aufkochen. Die Tomaten darin 45 Sekunden blanchieren. Abschütten, gut abtropfen lassen und auf Küchenpapier trockentupfen. In feine Streifen schneiden und in einen hohen Becher geben.
❷ In einer trockenen Pfanne ohne Fettzugabe die Pinienkerne rösten. Zu den Tomaten geben und abkühlen lassen.
❸ Die Knoblauchzehe schälen und dazupressen. Parmesan, Olivenöl sowie Pfeffer beifügen und alles zu einer cremigen Paste verarbeiten.
❹ Für die Sauce in einer kleinen Schüssel Joghurt oder sauren Halbrahm mit Paprika, Curry, Olivenöl und Salz verrühren. Bis zum Servieren kühl stellen.
❺ 3 genügend lange Stücke Küchenschnur etwa 1 Stunde in Salzwasser einlegen.
❻ Die Lammrückenfilets der Länge nach tief ein-, aber nicht durchschneiden. Auseinanderklappen und zwischen Klarsichtfolie mit einem Wallholz oder mit einem Fleischklopfer noch etwas dünner klopfen. Die Fleischrechtecke mit Basilikumblättern belegen und mit Tomatenpesto bestreichen, dabei auf der oberen Längsseite jeweils einen Rand von etwa 3 cm frei lassen. Die Lammrückenfilets aufrollen. Mit der gewässerten Küchenschnur binden. Die Lammrollen rundum mit Olivenöl bestreichen.
❼ Vor dem Grillieren die Lammrollen mit Salz und Pfeffer würzen. Über der mittelheissen Glut rundum je nach Dicke und gewünschter Garstufe 10–12 Minuten grillieren. In Alufolie wickeln und vor dem Tranchieren 10 Minuten ruhen lassen. Dann in Scheiben aufschneiden und mit der Joghurtsauce anrichten.

Tipp Für diesen würzigen Pesto werden nicht in Öl eingelegte Tomaten verwendet, sondern ganz einfach getrocknete. Dies verleiht dem Pesto ein völlig anderes, viel tomatigeres Aroma. Der Tomatenpesto kann natürlich auch in grösserer Portion auf Vorrat zubereitet werden, denn in einem gut verschlossenen Glas mit Olivenöl bedeckt hält er sich im Kühlschrank mehrere Wochen.

Lamm-Medaillons im Zucchettihemd

Für 4 Personen

500–600 g Lammrückenfilets
1 Bund Basilikum
1½ dl Olivenöl
Salz, schwarzer Pfeffer aus der Mühle
½ Bund Thymian
80 g in Öl eingelegte Dörrtomaten
2 Knoblauchzehen
1 Prise Zucker
2–3 möglichst lange, möglichst gerade Zucchetti, ca. 600 g

❶ Die Lammrückenfilets in 3 cm breite Stücke schneiden. In eine Platte geben.
❷ Die Basilikumblätter von den Zweigen zupfen, in Streifen schneiden, dann mit 1 dl Olivenöl sowie etwas Salz und Pfeffer pürieren. Die Lammstücke rundum damit bestreichen und zugedeckt beiseitestellen.
❸ Thymianblättchen von den Zweigen zupfen. Die Dörrtomaten in Streifchen schneiden. Den Knoblauch schälen und in Scheibchen schneiden. Alle diese Zutaten mit dem restlichen Olivenöl zu einer Paste mixen. Mit 1 Prise Zucker, wenig Salz und reichlich frisch gemahlenem Pfeffer würzen.
❹ In einem eher weiten Topf reichlich Salzwasser aufkochen.
❺ Den Stiel- und Blütenansatz der Zucchetti abschneiden. Dann die Früchte der Länge nach in möglichst dünne Scheiben schneiden. Im kochenden Salzwasser je nach Dicke 1½–2 Minuten blanchieren. Abschütten, kalt abschrecken und auf Küchenpapier gut abtropfen lassen. Dann leicht mit Salz und Pfeffer würzen.
❻ Auf jedes Lammstück etwas Tomatenpaste geben, mit dieser Seite nach unten auf eine Zucchettischeibe legen und diese um das Lammstück wickeln. Dieses Päckchen wiederum mit etwas Basilikumöl bestreichen.
❼ Den Grillrost mit Öl bestreichen. Verwendet man eine Alu-Grillschale, diese ebenfalls einölen. Die Lamm-Medaillons zuerst mit der Verschlussseite nach unten etwa 4 Minuten, anschliessend auf der zweiten Seite nochmals 4–5 Minuten bei mittlerer Hitze grillieren.

Kalbsröllchen-Spiesse mit Basilikumsauce

Für 4 Personen

Kalbsröllchen:
12 dünne Kalbsplätzchen, je ca. 40 g schwer
12 Teelöffel grüne Olivenpaste, ca. 60 g
100 g hauchdünn aufgeschnittener gekochter Schinken oder 12 Tranchen Ofenschinken
1 Bund Basilikum
4 nicht zu lange Holz- oder Metallspiesse
2–3 Esslöffel Olivenöl
Basilikumsauce:
1 Bund Basilikum
1 Becher saurer Halbrahm, 180 g
Salz, Pfeffer aus der Mühle
2 Esslöffel Mayonnaise

❶ Die Kalbsplätzchen mit dem Wallholz oder einem Fleischklopfer zwischen Klarsichtfolie dünn klopfen. Dann jedes Plätzchen mit 1 Teelöffel Olivenpaste, einem Stück Schinken sowie 2 Basilikumblättern belegen und satt aufrollen. Je 3 Kalbsröllchen auf 1 Spiess stecken. Mit dem Olivenöl bestreichen.
❷ Für die Sauce die Basilikumblätter in Streifen schneiden. Mit der Hälfte des sauren Halbrahms sowie etwas Salz und Pfeffer im Mixer oder in einem hohen Becher mit dem Stabmixer pürieren. Dann den restlichen Sauerrahm sowie die Mayonnaise mit dem Gummischaber unterziehen. Die Basilikumsauce wenn nötig nachwürzen und kühl stellen.
❸ Vor dem Braten die Kalbsröllchenspiesse mit Salz und Pfeffer würzen. Den Grillrost mit etwas Öl bestreichen. Die Spiesse bei mittlerer Hitze unter häufigem Wenden insgesamt 6–7 Minuten grillieren. Auf eine Platte legen und mit Alufolie gedeckt 5 Minuten ruhen lassen. Die Basilikumsauce separat dazu servieren.

Kalbfleischvogel vom Grill mit Pfeffer-Zucchetti

Für 4 Personen

2 grosse Zucchetti
½ Knoblauchzehe
1 Esslöffel eingelegter grüner Pfeffer
1 Bund glattblättrige Petersilie
1 Teelöffel Olivenöl
Salz, evtl. schwarzer Pfeffer aus der Mühle
8 grosse Kalbsplätzchen
Sauce:
2 hartgekochte Eier
1 Bund Schnittlauch
3–4 Zweige Dill
1 Becher saurer Halbrahm
2 Esslöffel Mayonnaise
1 Esslöffel grobkörniger Senf
1 Esslöffel Essig
Salz, schwarzer Pfeffer aus der Mühle

❶ Die Zucchetti in 6–8 breite Stücke teilen, dann der Länge nach in 2 mm dicke Scheiben und diese in feine Streifchen schneiden.
❷ Den Knoblauch schälen. Die Pfefferkörner kurz abspülen. Dann beides zusammen fein hacken. Die Petersilie ebenfalls hacken. Alle diese Zutaten mit dem Olivenöl und den Zucchettistreifen mischen und mit Salz sowie nach Belieben mit etwas Pfeffer würzen.
❸ Die Kalbsplätzchen zwischen Klarsichtfolie legen und mit einem Fleischklopfer oder Wallholz dünn klopfen.
❹ Jeweils auf den unteren Teil der Kalbsplätzchen etwas marinierte Zucchettistreifen geben, dann die Plätzchen aufrollen und mit Zahnstochern fixieren.
❺ Für die Sauce die Eier schälen und hacken. Den Schnittlauch in feine Röllchen schneiden. Den Dill fein hacken. Sauren Halbrahm, Mayonnaise, Senf, Essig sowie etwas Salz und Pfeffer glatt rühren. Dann sorgfältig Eier und Kräuter untermischen.
❻ Die Kalbfleischvögel auf den Grill legen und insgesamt 6–8 Minuten braten. Kurz an einer nicht zu heissen Stelle ziehen lassen, dann mit der Sauce auf Tellern anrichten.

Kalbskotelett mit Avocado-Mais-Vinaigrette

Für 4 Personen

1 Peperoncino
8–10 Zweige Thymian
je ½ Teelöffel gemahlener Kreuzkümmel und Koriander
frisch gemahlener schwarzer Pfeffer aus der Mühle
1 Teelöffel Worcestershiresauce
3–4 Esslöffel Olivenöl
4 grosse Kalbskoteletts, je ca. 250 g schwer

Avocado-Mais-Vinaigrette:

1 Dose Maiskörner, Abtropfgewicht ca. 285 g
2 grosse Zweigtomaten
2 Bund glattblättrige Petersilie
1 Avocado
4 Esslöffel Limonensaft
¼ Teelöffel Zucker
Salz, Pfeffer
4 Esslöffel Olivenöl

❶ Den Peperoncino entkernen und fein hacken. Thymianblättchen von den Zweigen zupfen. Alles mit Kreuzkümmel, Koriander, Pfeffer, Worcestershiresauce und Olivenöl zu einer Marinade rühren. Die Kalbskoteletts damit beidseitig bestreichen. Kurz marinieren lassen.
❷ Die Maiskörner kurz unter warmem Wasser spülen. Tomaten waagrecht halbieren, entkernen und klein würfeln. Petersilie mittelfein hacken. Die Avocado halbieren, den Stein entfernen und das Fruchtfleisch klein würfeln.
❸ Limonensaft, Zucker, Salz und Pfeffer verrühren, dann das Olivenöl langsam im Faden dazugiessen. Maiskörner, Tomaten, Petersilie und Avocado beifügen und sorgfältig mischen. Kurz durchziehen lassen.
❹ Die Kalbskoteletts beidseitig salzen. Auf den Grillrost legen und bei mittlerer Hitze auf jeder Seite je nach Dicke 6–8 Minuten braten. Auf eine Platte geben, mit Alufolie decken und kurz ruhen lassen. Dann auf Tellern anrichten und etwas Avocado-Mais-Vinaigrette daraufgeben.

Kalbfleisch-Gemüse-Roulade

Für 6–7 Personen

200 g tiefgekühlter Hackspinat
1 grosse rote Peperoni
1 grosse Zwiebel
1 Knoblauchzehe
1 Esslöffel Butter
3 Tranchen Bauernschinken
100 g Kalbsbrät
150 g gemischtes Hackfleisch
½ Bund Basilikum
½ Bund glattblättrige Petersilie
1 Teelöffel edelsüsser Paprika
Salz, Pfeffer aus der Mühle
250 g lange Specktranchen
4 sehr grosse Kalbsschnitzel, vom Metzger mit der Maschine dünn aufgeschnitten
2 Esslöffel Olivenöl

❶ 6–8 etwa 20 cm lange Stücke Küchenschnur 1 Stunde in kaltem Wasser einweichen.
❷ Den Spinat auftauen lassen, dann sehr gut ausdrücken.
❸ Die Peperoni vierteln und entkernen. In leicht kochendem Wasser 4–5 Minuten garen. Abschütten und abkühlen lassen.
❹ Die Zwiebel und den Knoblauch schälen und fein hacken. In der warmen Butter 3 Minuten glasig dünsten. Zum Spinat geben.
❺ Den Schinken in dünne Streifen, dann in kleine Vierecke schneiden. Mit dem Kalbsbrät und dem Hackfleisch zum Spinat geben. Basilikum und Petersilie fein hacken und ebenfalls beifügen. Alles pikant mit Paprika, Salz und Pfeffer würzen und sehr gut mischen.
❻ Den Speck auf der Arbeitsfläche Tranche für Tranche leicht überlappend auslegen. Die Kalbsschnitzel wenn nötig noch dünner klopfen und auf die Specktranchen legen; diese sollen vollständig bedeckt sein. Die Peperonenviertel der Länge nach darauf legen. Die Füllung darauf verteilen, das Fleisch von beiden Seiten her darüber klappen und gut andrücken. Die Roulade mit der gewässerten Küchenschnur binden.
❼ Die Kalbfleischroulade vor der Zubereitung mit Öl bestreichen. Auf dem Grill in genügend Abstand von der Glut etwa 50 Minuten unter häufigem Wenden braten. Vor dem Aufschneiden in Alufolie wickeln und 10 Minuten ruhen lassen.

Zitronen-Lachs

Für 4 Personen

½ Bund Thymian
Saft von ½ Zitrone
½ Teelöffel Korianderpulver
1 Teelöffel Zitronenpfeffer
¾ dl Olivenöl
2 Knoblauchzehen
4 Tranchen Lachs, je ca. 150 g schwer
2 Zitronen
Salz

❶ Thymianblättchen von den Zweigen zupfen. Mit dem Zitronensaft, Koriander, Zitronenpfeffer und Olivenöl verrühren. Den Knoblauch schälen und dazupressen. Die Lachstranchen auf eine Platte legen und rundum mit der Marinade grosszügig bestreichen. Etwa ½ Stunde marinieren lassen.
❷ 4 Blatt Alufolie, die deutlich grösser sind als die Fischtranchen, auf der Arbeitsfläche auslegen und in der Mitte mit je etwas Olivenöl bestreichen. Von den Zitronen Anfang und Ende abschneiden; sie werden nicht gebraucht. Dann jede Zitrone in 6 Scheiben schneiden. Je 3 Zitronenscheiben dicht aneinander auf die Alufolie legen. Die Lachstranchen gut abtropfen lassen und salzen. Dann auf die Zitronenscheiben legen. Die Folie nicht verschliessen, sie dient quasi als Unterlage auf dem Grill, damit die Zitronenscheiben nicht ankleben.
❸ Die Lachstranchen auf der Folie auf den Grillrost legen und je nach Dicke 15–20 Minuten braten, dabei nach der Hälfte der Garzeit sorgfältig wenden und mit Marinade bestreichen. Mit den Zitronenscheiben auf Tellern anrichten.

Meerwolf im Weinblatt

Für 4 Personen

2 Meerwolffilets (Loup de mer), je ca. 300 g schwer
2 Knoblauchzehen
80 g schwarze oder violette Oliven ohne Stein
½ Bund Petersilie
1 Esslöffel Kapern
2 Esslöffel Olivenöl
1 Zitrone
schwarzer Pfeffer aus der Mühle
½ Glas eingelegte Weinblätter (bei Grossverteilern und in türkischen oder griechischen Lebensmittelgeschäften erhältlich)

❶ Ein sehr langes Stück Küchenschnur 1 Stunde in kaltem Wasser einweichen.
❷ Die Fischfilets kurz unter kaltem Wasser spülen und trockentupfen, dann nach Gräten abtasten; diese wenn nötig mit einer Pinzette herausziehen.
❸ Den Knoblauch schälen, halbieren und mit Oliven, Petersilienblättern, Kapern und Olivenöl im Cutter oder in einem hohen Glas mit dem Stabmixer fein pürieren.
❹ Von der Zitrone die Schale mitsamt weisser Haut abschneiden. Dann die Zitrone in dünne Scheiben schneiden.
❺ Die Weinblätter unter kaltem Wasser abspülen und in mehreren Schichten zu einem Rechteck von 30 x 40 cm auslegen; die Blätter sollen dabei kreuz und quer übereinander zu liegen kommen. Die Fischfilets auf der Fleischseite mit der Olivenpaste bestreichen, mit Pfeffer würzen, dann mit der Innenseite aufeinander legen. 1 Lage Zitronenscheiben in der Länge der Fischfilets auf den Weinblättern auslegen, den Fisch darauf geben, mit Zitronenscheiben decken und in den Weinblättern einwickeln. Dann mit der nassen Küchenschnur so umwickeln, dass alles zusammenhält. Die Schnur muss unbedingt nass sein, damit sie nicht zu brennen beginnt. Auch die Blätter dürfen nicht zu trocken sein.
❻ Das Fischpaket auf den Grill geben und unter häufigem Wenden etwa 25 Minuten braten. Zum Servieren das Paket auf eine Platte geben und mit einer Schere die Blätter aufschneiden.

Saibling an Zitronen-Kräuter-Marinade

Für 4 Personen

Marinade:
1 Zitrone
10 Esslöffel Olivenöl
2 Knoblauchzehen
2–3 frische Lorbeerblätter
2 Zweige Rosmarin
½ Bund Thymian
schwarzer Pfeffer aus der Mühle
Fisch:
2–3 ganze Saiblinge, je 500–600 g schwer, küchenfertig vorbereitet
Salz
1–2 Alu-Grillschalen

❶ Für die Marinade die Schale der Zitrone dünn in ein Schüsselchen reiben. Dann von der Zitrone 2 Esslöffel Saft auspressen und beifügen. Das Olivenöl dazurühren. Den Knoblauch schälen und dazupressen.
❷ Die Lorbeerblätter in feine Streifchen schneiden. Die Rosmarinnadeln und Thymianblättchen von den Zweigen streifen. Alle Kräuter sehr fein hacken. Zur Marinade geben und diese mit reichlich schwarzem Pfeffer aus der Mühle würzen.
❸ Die Saiblinge unter fliessendem kaltem Wasser innen und aussen kurz abspülen. Mit Küchenpapier trockentupfen.
❹ Die Saiblinge auf eine Platte legen und von allen Seiten und auch die Bauchhöhle mit der Zitronen-Kräuter-Marinade bestreichen. Mindestens 6 Stunden im Kühlschrank durchziehen lassen.
❺ Vor dem Grillieren die Saiblinge aus der Marinade nehmen und diese beiseitestellen. Die Fische innen und aussen leicht salzen und in eine Alu-Grillschale legen. Diese auf den Grillrost geben und die Fische bei eher kräftiger Hitze 12–15 Minuten grillieren, dabei öfter wenden und mit der restlichen Marinade bestreichen.

Riesencrevetten mit Basilikum-Knoblauch-Butter

Für 4 Personen

16–20 ungeschälte Riesencrevetten
1 kleine rote Chilischote
4 Esslöffel Olivenöl
Salz
1 Bund Basilikum
60 g weiche Butter
2 Knoblauchzehen
2 Esslöffel Zitronensaft
3–4 Spritzer Tabasco

❶ Die Riesencrevetten kurz unter kaltem Wasser spülen. Dann die Schalen mit einer Schere am Rücken aufschneiden – jedoch nicht ablösen! – und den schwarzen Darmfaden sorgfältig entfernen.
❷ Die Chilischote längs halbieren, entkernen und fein hacken. In einer grossen Schüssel mit dem Olivenöl und etwas Salz mischen. Die Riesencrevetten darin wenden.
❸ Das Basilikum fein hacken. Mit der weichen Butter in eine zweite grosse Schüssel geben. Den Knoblauch dazupressen. Zitronensaft, Tabasco und etwas Salz beifügen und alles gut mischen.
❹ Die Riesencrevetten auf den Grill legen und auf jeder Seite bei mittlerer Hitze 4–5 Minuten braten. Dann sofort in die Schüssel mit der Basilikumbutter geben und sorgfältig mischen, bis die Butter geschmolzen ist. Sofort servieren. Übrigens: Am besten schmeckt dieses Gericht, wenn man es mit den Fingern isst!

Gemüse-Pilz-Spiesse vom Grill

Für 4 Personen

8 lange Holzspiesse
1 Bund Frühlingszwiebeln
2 rote Peperoni
500 g grosse, möglichst gleichmässige Champignons
½ Bund Thymian
200 g Fetakäse
1 Esslöffel Zitronensaft
6 Esslöffel Olivenöl
Salz, schwarzer Pfeffer aus der Mühle
Joghurtsauce:
1 Becher Joghurt nature (180 g)
2 Esslöffel Crème fraîche
1 Esslöffel Olivenöl
1 Knoblauchzehe
½ Bund Petersilie
Salz, schwarzer Pfeffer aus der Mühle

❶ Die Spiesse etwa 1 Stunde in kaltem Wasser einlegen.
❷ Die Frühlingszwiebeln rüsten und mitsamt schönem Grün schräg in etwa 3 cm lange Stücke schneiden. Die Peperoni vierteln, entkernen und ebenfalls in 3 cm lange Stücke schneiden. Die Stiele der Champignons herausdrehen und wenn nötig mit einem spitzen Messer die Pilzköpfe leicht aushöhlen.
❸ Die Thymianblättchen von den Zweigen zupfen. Den Feta in 2 cm grosse Würfel schneiden und im Thymian wenden.
❹ Zitronensaft, Olivenöl, Salz und Pfeffer verrühren.
❺ Die Spiesse aus dem Wasser nehmen und trockentupfen. Je 2 Champignonköpfe mit der Öffnung gegeneinander um 1 Stück Feta setzen. Die gefüllten Pilzköpfe abwechselnd mit Frühlingszwiebeln und Peperoni auf die Spiesse stecken. Mit dem Zitronenöl bestreichen.
❻ Für die Sauce Joghurt, Crème fraîche und Olivenöl verrühren. Den Knoblauch schälen und dazupressen. Die Petersilie hacken und beifügen. Die Sauce mit Salz und Pfeffer würzen.
❼ Die Spiesse auf dem heissen Grillrost oder in der Bratpfanne bei mittlerer Hitze 12–15 Minuten braten. Dabei immer wieder mit restlicher Marinade bestreichen.
Mit der Joghurtsauce servieren.

Gefüllte Peperoni vom Grill

Für 4 Personen

Je 2 rote und gelbe Peperoni
2 Esslöffel Olivenöl (1)
1 Peperoncino (italienische Pfefferschote)
1 Bund Oregano
16 schwarze Oliven
1 Kugel Mozzarella, ca. 150 g
150 g Ricotta, wenn möglich eher fester sardischer Ricotta salata
2 grosse Knoblauchzehen
1 dl Olivenöl (2)
Salz, schwarzer Pfeffer aus der Mühle

❶ Die Peperoni der Länge nach halbieren und Samen sowie Scheidewände sorgfältig entfernen. Die Peperonihälften innen und aussen mit Olivenöl (1) bestreichen und auf eine Platte legen.
❷ Den Peperoncino der Länge nach halbieren, entkernen und hacken. Die Oreganoblättchen von den Zweigen zupfen und hacken. Die Oliven entkernen und in Streifen schneiden.
❸ Den Mozzarella klein würfeln oder an der Röstiraffel reiben. Mit dem Peperoncino, dem Oregano und den Oliven mischen. In die Peperonihälften füllen und den Ricotta darüber verteilen (Ricotta salata zuvor zerbröseln).
❹ Den Knoblauch schälen und zum Olivenöl (2) pressen. Pikant mit Salz und Pfeffer würzen. Die Hälfte dieser Mischung über die Käsefüllung träufeln.
❺ Die Peperoni auf den Grillrost legen. Je nach Art des Grills den Deckel schliessen oder die Peperoni mit Alufolie gut decken. Nicht zu heiss 6–8 Minuten grillieren. Dann die restliche Ölmischung darüber träufeln, wieder verschliessen bzw. decken und weitere 5–6 Minuten fertig braten. Sind die Peperoni ein fleischloses Essen, passen Salat und frisches Brot dazu.

Marinierte Auberginen mit Oregano und Knoblauch

Für 4–6 Personen als Beilage

3 mittlere Auberginen
Saft von 1 Zitrone
Salz, schwarzer Pfeffer aus der Mühle
1½ dl Olivenöl
3 grosse Knoblauchzehen
1 Bund Oregano
6 grosse Blatt Alufolie

❶ Die Auberginen waschen und mitsamt Stielansatz der Länge nach halbieren. Das Fruchtfleisch mit einem scharfen Messer kreuzweise gut 1 cm tief einschneiden, dabei darauf achten, dass die Schale nicht verletzt wird. Die Schnittflächen mit Zitronensaft bestreichen und kräftig mit Salz und Pfeffer würzen.
❷ Das Olivenöl in ein Schüsselchen geben. Den Knoblauch schälen und dazupressen. Die Oreganoblättchen fein hacken und beifügen. Das Würzöl mit etwas Salz und Pfeffer würzen.
❸ 6 grosse Alufolienblätter auf der Arbeitsfläche auslegen und in der Mitte grosszügig mit Würzöl bestreichen. Die Schnittflächen der Auberginen ebenfalls mit Würzöl bestreichen, dabei die Einschnitte etwas auseinander ziehen, damit das Öl in das Fruchtfleisch eindringen kann. Die Hälften mit der Schnittfläche nach unten auf die Folie legen und satt einwickeln. Bis hierher können die Auberginen einige Stunden im Voraus zubereitet werden.
❹ Die Auberginen in der Folie mit den Schnittflächen nach unten auf den heissen Rost legen und etwa 15 Minuten backen. Dann auswickeln und mit der Schnittfläche nach oben weitere 15 Minuten nicht zu heiss fertig braten; die Früchte sollen durch und durch weich sein.

Chuckwagon Beans

Für 6–8 Personen als Beilage

1 grosse Zwiebel
2 Knoblauchzehen
1 Peperoncino
2 Esslöffel Butter
1 dl dunkles Bier
1½ dl Tomatensaft (1)
½ dl Worcestershiresauce
2 gehäufte Esslöffel scharfer Senf
1 Esslöffel edelsüsser Paprika
1 Prise Cayennepfeffer
600 g rote Bohnen (Indianerbohnen) aus der Dose, abgetropft gewogen
ca. 2 dl Tomatensaft (2) zum Auffüllen
60 g Speckwürfelchen
Salz, schwarzer Pfeffer aus der Mühle

❶ Die Zwiebel schälen und klein würfeln. Die Knoblauchzehen schälen und in Scheibchen schneiden. Den Peperoncino der Länge nach halbieren, entkernen und in feine Streifchen schneiden.
❷ In einer Pfanne die Butter erhitzen. Zwiebel und Knoblauch darin andünsten.
❸ Inzwischen in einer Schüssel Bier, die erste Portion Tomatensaft (1), Worcestershiresauce, Senf, Paprika und Cayennepfeffer verrühren. Diese Mischung zu den angedünsteten Zwiebeln giessen und alles auf kleinem Feuer etwa 15 Minuten kochen lassen.
❹ Die Bohnen in ein Sieb abschütten und kurz kalt spülen. In die Sauce geben. Diese Mischung in eine feuerfeste Form füllen, die zweite Portion Tomatensaft (2) dazugiessen und die Speckwürfelchen darüber verteilen. Die Form mit Alufolie verschliessen.
❺ Die Bohnen im zugedeckten Kugelgrill oder in einem anderen Grill mit Deckel etwa 1½ Stunden garen. Am Schluss mit Salz und Pfeffer abschmecken.

Gefüllte Auberginen vom Grill

Für 4–6 Personen als Beilage

2 grosse, eher längliche Auberginen
Salz
2 Frühlingszwiebeln
1 Knoblauchzehe
1 Esslöffel Kapern
50 g entsteinte grüne Oliven
½ Bund Petersilie
2 Esslöffel Olivenöl
1 Esslöffel Balsamicoessig
4 Tomaten
Pfeffer aus der Mühle
Zahnstocher zum Fixieren
etwas Olivenöl zum Bestreichen

❶ Die Auberginen der Länge nach in möglichst dünne Scheiben schneiden. Diese kräftig salzen und 30 Minuten Wasser ziehen lassen, damit sie weich und biegsam werden.
❷ Die Frühlingszwiebeln mitsamt schönem Grün fein hacken. Den Knoblauch schälen und zusammen mit Kapern, Oliven und Petersilie ebenfalls fein hacken. Alle diese Zutaten mit dem Olivenöl und dem Balsamicoessig mischen.
❸ Die Tomaten je nach Grösse waagrecht in 2–3 Scheiben schneiden.
❹ Die Auberginenscheiben kurz abspülen und mit Küchenpapier sehr gut trockentupfen. Jeweils 2 Auberginenscheiben über Kreuz legen. In die Mitte 1 Tomatenscheibe geben, diese mit etwas Zwiebel-Kräutermasse belegen und mit Salz sowie Pfeffer würzen. Den überstehenden Auberginenteil über die Tomaten legen, sodass ein kleines Paket entsteht. Die Auberginenenden mit einem Zahnstocher fixieren. Die Pakete rundum mit etwas Olivenöl bestreichen.
❺ Die gefüllten Auberginen auf dem Grill auf jeder Seite je etwa 6 Minuten backen. Wenn nötig zwischendurch mit etwas Olivenöl bestreichen.

Scharfer Ananas-Peperoni-Spiess

Für 4 Personen als Beilage

½ frische Ananas
je 1 rote und gelbe Peperoni
1 Peperoncino
2 Esslöffel Rapsöl
Salz, schwarzer Pfeffer aus der Mühle
4 Holz- oder Bambusholzspiesse
Currysauce:
1 Bund glattblättrige Petersilie
1 Becher Joghurt (180 g)
1 Becher Crème fraîche (180 g)
2 Esslöffel mildes Currypulver
1 Esslöffel Zitronensaft
Salz, schwarzer Pfeffer aus der Mühle

❶ Die Ananas grosszügig schälen, vierteln und den Strunk entfernen. Die Ananas in etwa 2 x 2 cm grosse Würfel schneiden.
❷ Die Peperoni halbieren, entkernen und in etwa gleich grosse Quadrate wie die Ananas schneiden.
❸ Den Peperoncino halbieren, entkernen, fein hacken und mit dem Rapsöl und etwas Salz sowie Pfeffer verrühren. Unter die Peperoni- und Ananaswürfel mischen. Abwechselnd Ananas und Peperoni auf die Spiesse stecken.
❹ Für die Sauce die Petersilie fein hacken. Mit Joghurt, Crème fraîche, Currypulver und Zitronensaft mischen und die Sauce mit Salz sowie Pfeffer würzen.
❺ Den Grillrost mit etwas Öl bestreichen. Die Spiesse darauflegen und bei Mittelhitze unter häufigem Wenden etwa 10 Minuten braten. Die Spiesse mit etwas Sauce auf Tellern anrichten.

Gemüsefächer in der Folie

Für 4 Personen als Beilage oder
für 2 Personen als leichtes Essen

4 mittlere Zucchetti
1 grosse weisse Gemüsezwiebel
2 mittlere fleischige Tomaten
4 Esslöffel Olivenöl
4 Zweige Thymian
Salz, Pfeffer aus der Mühle

❶ Die Zucchetti waschen und der Länge nach 4- bis 5-mal so einschneiden, dass die Frucht am Stielansatz noch zusammenhält. Auf 4 grosse Blätter Alufolie legen.
❷ Die Zwiebel schälen, halbieren und in Scheiben schneiden. Den Stielansatz der Fleischtomaten entfernen, die Früchte halbieren, dann in Scheiben schneiden. Zwiebel- und Tomatenscheiben in die Zucchettieinschnitte verteilen. Grosszügig mit Olivenöl beträufeln und mit abgezupften Thymianblättchen bestreuen. Mit Salz und Pfeffer würzen. Die Folien zu Paketen verschliessen.
❸ Die Zucchettipakete mit der Öffnung nach oben auf den Grill legen und in genügend Abstand von der Glut während 25–30 Minuten braten. Die Zucchetti können auch auf einem Blech im 220 Grad heissen Ofen gebacken werden; die Garzeit bleibt sich gleich.

Maiskolben in der Folie

Für 6 Personen als Vorspeise oder Beilage

1–2 Peperoncini, je nach Grösse und Schärfe
1½ Bund glattblättrige Petersilie
150 g weiche Butter
1 Teelöffel Kräutersalz
6 Maiskolben

❶ Die Peperoncini der Länge nach halbieren, entkernen, in Streifchen schneiden, dann fein hacken. Die Petersilie ebenfalls hacken.
❷ In einer kleinen Schüssel die Butter mit dem Kräutersalz gut durchrühren. Peperoncini und Petersilie beifügen und alles gut mischen.
❸ Wenn nötig die Hüllblätter von den Maiskolben abziehen und die Fäden entfernen. Je etwa 2 Esslöffel der Würzbutter rundum auf jeden Kolben streichen. Je 1 grosses Stück Alufolie einmal falten und je 1 Maiskolben darin satt einwickeln. Die restliche Würzbutter auf Alufolie zu einer Rolle formen und bis zum Servieren kühl stellen.
❹ Die Maiskolben auf dem Grillrost über der mittelheissen Glut unter häufigem Wenden etwa 20 Minuten grillieren. Man kann die Maiskolben auch im Backofen zubereiten: Auf ein Blech legen und in der Mitte des auf 220 Grad vorgeheizten Ofens 25–30 Minuten backen.
❺ Zum Servieren die Kolben auf eine Platte legen, die Folie auf der oben liegenden Seite mit einer Schere der Länge nach aufschneiden und leicht auseinander ziehen. Die Würzbutter in Scheiben schneiden und separat dazu servieren.

Gefüllte Champignons nach Nizza-Art

Für 4–6 Personen als Beilage,
für 2–3 Personen als Mahlzeit

Füllung:
1 kleine Zwiebel
1 Knoblauchzehe
1 gelbe Peperoni
1 mittlere Zucchetti
200 g Cherrytomaten
6 Zweige Thymian
1 grosser Zweig Rosmarin
4 Esslöffel Olivenöl
Salz, schwarzer Pfeffer
Zum Fertigstellen:
16–18 sehr grosse Champignons
etwa ½ dl Olivenöl
Salz, Pfeffer
nach Belieben 1 kleiner Ziegenfrischkäse

❶ Zwiebel und Knoblauch fein hacken. Peperoni entkernen, von der Zucchetti die Enden abschneiden. Beide Gemüse in kleine Würfelchen schneiden. Die Cherrytomaten vierteln. Thymianblättchen und Rosmarinnadeln von den Zweigen streifen und hacken.
❷ In einer Pfanne das Olivenöl erhitzen. Zwiebel und Knoblauch darin glasig dünsten. Peperoni, Zucchetti und Kräuter beifügen und im eigenen Saft 8–10 Minuten weich dünsten. Cherrytomaten beifügen, alles mit Salz sowie Pfeffer würzen und nochmals 3–4 Minuten dünsten. Beiseite-, aber nicht kühlstellen.
❸ Die Stiele der Champignons sorgfältig herauslösen. Die Köpfe unter kaltem Wasser spülen. Mit Küchenpapier trockentupfen, beidseitig mit Olivenöl bepinseln und die Innenseite mit Salz und Pfeffer leicht würzen.
❹ Die Champignonsköpfe mit der Innenseite nach unten auf den Grillrost legen und 5 Minuten braten. Dann wenden, mit dem Gemüse füllen und nach Belieben mit einem kleinen Stück Ziegenfrischkäse belegen. Die Champignons nochmals 5–8 Minuten braten, dann sofort servieren.

Schlangenbrot

Für 6 Personen als Beilage

400 g Mehl
½ Würfel Frischhefe (ca. 20 g)
knapp 2 dl Wasser
1 Teelöffel Salz
2–3 Esslöffel Olivenöl
6 fingerdicke, grüne Holzäste oder lange Grillspiesse

❶ Das Mehl in eine Schüssel sieben und in der Mitte eine Vertiefung anbringen. Hefe mit ½ dl des Wassers anrühren, in die Mehlmulde giessen und mit etwas Mehl zu einem dicklichen Teiglein anrühren. Etwas Mehl darüber stäuben. Diesen Vorteig so lange gehen lassen, bis die Oberfläche Risse zeigt.
❷ Das Salz über das Mehl streuen, restliches Wasser sowie Olivenöl beifügen und alles 8–10 Minuten zu einem glatten, elastischen, weichen Teig kneten. In die Schüssel zurückgeben und mit wenig Mehl bestäuben. Die Schüssel mit einem Tuch decken und den Teig etwa 1 Stunde an einem warmen Ort aufgehen lassen, bis er das Volumen verdoppelt hat. Wird der Teig danach nicht verwendet, kühl stellen.
❸ Für die Schlangenbrote den Teig noch einmal gut durchkneten. Dann in 6 gleichmässig grosse Stücke teilen und diese zu etwa 20 cm langen, daumendicken Strängen rollen. Spiralförmig um lange Holzäste oder Spiesse wickeln - diese eventuell vorher 1 Stunde in kaltem Wasser einweichen, damit sie nicht verbrennen.
❹ Die Schlangenbrote nicht zu nahe bei der Glut rundum schön braun backen; dies dauert etwa 20 Minuten.

Tipp Die Brote nach Belieben vor dem Braten mit Rosmarinnadeln bestreuen und diese leicht in den Teig drücken.

Tortillas vom Grill

Ergibt 8 Stück als Beilage

200 g Gruyère
4 San-Marzano-Tomaten
1 Bund Frühlingszwiebeln
2 Peperoncini
60 g Butter
8 Weizentortillas

❶ Den Gruyère entrinden und in dünne Scheibchen schneiden. Die Tomaten waschen und ebenfalls in Scheiben schneiden. Die Frühlingszwiebeln mitsamt schönem Grün in feine Ringe schneiden. Die Peperoncini der Länge nach halbieren, entkernen und in kleine Streifen schneiden.
❷ In einem Pfännchen die Butter schmelzen.
❸ Die Tortillas auf der Arbeitsfläche auslegen. Jeweils die eine Hälfte jeder Tortilla mit Käse, Tomaten, Frühlingszwiebeln und Peperoncini belegen, dann die andere Hälfte darüber klappen. Die gefalteten Tortillas beidseitig mit wenig flüssiger Butter bestreichen. Bis hierher können die Tortillas vorbereitet werden.
❹ Die Tortillas auf den heissen Grillrost legen und auf jeder Seite bei mittlerer Hitze etwa 2 Minuten grillieren, bis sie goldbraun sind und der Käse zu schmelzen beginnt. Während des Bratens nochmals mit flüssiger Butter bestreichen. Wichtig: die Tortillas unbedingt gut im Auge behalten, denn bei zu grosser Hitze können sie wie Papier zu brennen beginnen! Wenn man sie auf dem Holzkohlegrill brät, eine kohlenfreie Stelle vorbereiten, in der die Tortillas im Notfall in Sicherheit gebracht werden können, bevor sie verbrennen.

Nach Belieben eine Sauerrahmsauce zu den Tortillas servieren.

Tipp Die Tortillas können auch mit vielen anderen Zutaten wie grilliertem Gemüse (Peperoni, Zucchetti, Auberginen, Zwiebeln), Raclettekäse, Feta, Pfeffer-Boursin, in Scheiben geschnittener oder klein gewürfelter Avocado, gebratener und in dünne Scheiben geschnittener Pouletbrust, dünn aufgeschnittenem Roastbeef usw. gefüllt werden.

Parmesan-Baguette

Für 6–8 Personen als
Beilage zu Grillspezialitäten

1 Bund glattblättrige Petersilie
3 grosse Knoblauchzehen
1 Peperoncino
100 g weiche Butter
Salz, schwarzer Pfeffer aus der Mühle
60 g geriebener Parmesan
2 Frischback-Baguettes

❶ Die Petersilie fein hacken. Die Knoblauchzehen schälen und ebenfalls hacken. Den Peperoncino der Länge nach halbieren und entkernen. Dann die Hälften in lange Streifen und diese in feine Würfelchen schneiden.
❷ Die weiche Butter mit etwas Salz und Pfeffer luftig rühren. Petersilie, Knoblauch, Peperoncino und Parmesan untermischen.
❸ Die Baguettebrote scheibenweise tief ein-, aber nicht durchschneiden. Jedes Brot auf ein grosses Stück Alufolie setzen und die Parmesanbutter grosszügig in die Einschnitte streichen. Das Brot locker in die Folie wickeln. So weit kann das Brot bereits Stunden im Voraus zubereitet werden.
❹ Die Baguettes in der Folie im auf 220 Grad vorgeheizten Ofen in der Mitte 12 Minuten backen. Dann die Folie öffnen, aber nicht entfernen und das Brot weitere 8–10 Minuten backen, bis die Oberfläche schön knusprig ist. Lauwarm geniessen.

So grillieren wir

Unsere Tipps rund ums Grillieren sorgen dafür, dass alles gelingt.

Die Vorbereitung machts!

- Zum Anzünden von Holzkohle unbedingt spezielle Grillanzünder, niemals aber Brennsprit oder Benzin verwenden, das ist hochgefährlich!
- Das Grillgut erst dann auf den Grill legen, wenn die Flammen erloschen sind und die Glut mit einer weissen Ascheschicht überzogen ist. Das kann 30–45 Minuten dauern. Kurz vor dem Grillieren auch den Grillrost vorheizen, sonst klebt das Grillgut an. Vor dem Auflegen der Zutaten den Rost mit etwas Öl bestreichen.
- Alle Geräte, Hilfsmittel wie Fleischzange und -gabel, Grillhandschuhe, Salz- und Pfeffermühle, Schneidebrett usw., aber auch Zutaten, Saucen und Beilagen bereitstellen, bevor mit Grillieren begonnen wird.
- Die Zutaten nie direkt aus dem Kühlschrank verwenden, sondern vor dem Grillieren immer Zimmertemperatur annehmen lassen. Es bildet sich schneller eine Kruste, wenn das Grillgut nicht zu kalt ist.

Die richtige Garzeit

Es ist schwierig, genaue Grillierzeiten für die verschiedenen Fleischstücke, Fisch und Gemüse anzugeben, da sie von der Art des Grillierens beziehungsweise dem Grillmodell, von der Hitze, aber auch von Qualität und Grösse des Grillguts abhängen. Gerade für grössere Fleischstücke ist es von Vorteil, wenn man ein Fleischthermometer verwendet, das anzeigt, wie hoch die Temperatur im Inneren des Grillguts ist. Den Thermometer nie am Rand von allfälligen Knochenteilen einstecken, sondern immer in der Mitte des Fleisches. Kleine Fleischstücke sind gar, wenn auf der Oberseite Saftperlen austreten. Der Gabeldrücktest kann ebenfalls Auskunft geben: Fühlt sich das Stück weich an, ist es im Kern noch roh. Federt es, ist es schön rosa gegart. Gibt es gar nicht mehr nach, ist es vollständig durchgegart.

Ebenfalls wichtig: Das Grillgut nie direkt aus der Marinade auf den Grill legen, sondern gut abtropfen lassen – dabei Marinade auffangen! – und dann mit Küchenpapier leicht abtupfen. Wenn während des Grillierens Fett in die Glut tropft, entstehen Flammen, die das Grillgut verbrennen und ihm ein schlechtes Aroma verleihen. Hingegen empfiehlt es sich, während des Grillierens das Grillgut sparsam mit Marinade oder Öl zu bestreichen. Dadurch wird ein Austrocknen vermieden und dem Grillgut zusätzliche Würze verliehen.

Grössere Fleischstücke vor dem Tranchieren immer zugedeckt mit Alufolie 5–10 Minuten nachziehen lassen. Dadurch kann sich der Fleischsaft gleichmässig im Stück verteilen und läuft beim Aufschneiden weniger aus.

Eine saubere Sache

Die Grillparty ist vorbei, und entsprechend gross ist auch die Versuchung, dem Grill den Rücken zu kehren, sprich: ihn ungereinigt stehen zu lassen. Besser aber putzt man den Grill noch am gleichen Tag, wenn er noch ganz leicht warm ist. So kann sich auf dem Grillrost keine Kruste bilden und auch fettlösende Reinigungsmittel wirken intensiver. Und wer gar keine Lust mehr auf Putzen hat, der wickelt den abgekühlten Gitterrost wenigstens in eine dicke Lage feuchtes Zeitungspapier, dann ist das Reinigen am nächsten Tag einfacher. Abgesehen von hygienischen Gründen lohnt sich Disziplin beim Reinigen übrigens auch kulinarisch: Am verkrusteten Rost bleibt das Grillgut unweigerlich kleben.